Dieses Buch gehört:

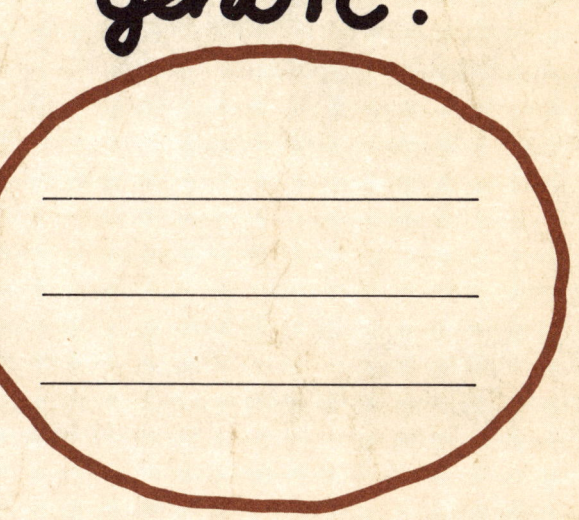

Hölkers kleine Küchenbibliothek

Das kleine Backbuch

für Kuchen und Torten

gesammelt und ausprobiert
von Gisela Allkemper

verlegt von

Wolfgang Hölker

ISBN: 3-88117-332-3
VVA-Nr.: 280/00332-8
© Copyright 1983 by Verlag Wolfgang Hölker
Martinistraße 2, D-4400 Münster
Alle Rechte vorbehalten, auch auszugsweise
Printed in Germany by Druckhaus Cramer, Greven
Imprimé en Allemagne
Graphische Gestaltung: Rainer Eichler
Buchbinderische Verarbeitung:
Bercker, Graphischer Betrieb GmbH, Kevelaer
Musterschutz angemeldet beim Amtsgericht Münster

Inhalt

Vorwort

Das Backen ist eine der ältesten Zubereitungsarten von Speisen. Es beginnt bei einfachen Fladen, aus zerstoßenen Körnern und Wasser bereitet und als Brei auf heiße Steine gestrichen. Erst Treibmittel wie Sauerteig oder Hirschhornsalz, Hefe oder Backpulver lockern diese angerührten Teigarten auf und machen sie zu luftigen, leichten Gebäcken.

Schon in früher Zeit backte nicht nur die Hausfrau für ihren Eigenbedarf. Es entwickelten sich ganze Berufszweige daraus. Bei uns gab es die Zünfte der Bäcker, der Zuckerbäcker, der Lebzelter und der Konditoren. Jeder hütete seine Rezepturen wie ein Geheimnis, ja, es soll sogar hinter verschlossenen Fensterläden gebacken worden sein. Die Rezepte wurden wie Kostbarkeiten nur an die Nachfolger vererbt.

Vom großen Durchbruch zur feinen Kunst des Kuchen- und Tortenbackens spricht man am Ende des Mittelalters, als aus dem Orient neben fremdartigen Früchten die Gewürze ihren Siegeszug in unsere Lande antraten. Und der Honig als Süßmittel wurde abgelöst durch den Zucker.

Der Kaffee wurde bekannt und beliebt, und es war chic, im Caféhaus ein Schälchen davon zu trinken sowie an einem Stückchen Kuchen oder Torte zu knabbern. Bedeutende Persönlichkeiten gaben vielen heute berühmten Torten ihren Namen, so die Herren Malakoff und Sacher. Aber auch landschaftsbezogene Backerzeugnisse wurden zum Begriff, wie Dresdner Stollen, Engadiner Nußtorte, Schwäbisches Hutzelbrot. Vor allem sei hier jedoch ein Loblied auf die Hausfrauen gesungen, auf ihren Erfindungsreichtum in der Backkunst, auf ihr Geschick, durch Abändern von Rezepten und Ausprobieren immer neuer Köstlichkeiten unsere so sehr geliebte Kaffeetafel zu erweitern und zu bereichern.

Dieses kleine Büchlein konnte nur eine geringe Anzahl von Rezepten und Vorschlägen fürs Backen von Kuchen und Torten aufnehmen. Ihre Auswahl soll den Rahmen der Möglichkeiten vorstellen – für Variationen bleibt viel Raum!

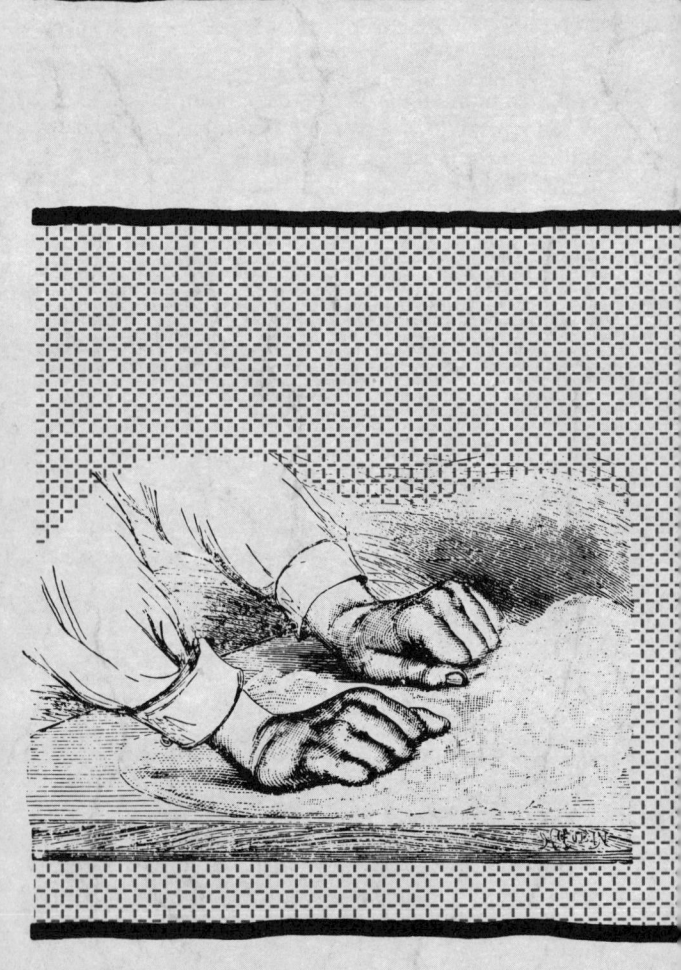

Kuchen und Torten, mit Mürbeteig gebacken

Mürbeteig

Damit der Mürbeteig gut gelingt:

1. Da das Fett als Lockerungsmittel dient, darf es nicht flüssig gemacht werden, denn flüssiges Fett macht den Teig fest. Mengenverhältnis zum Mehl: 2:3 (2 Teile Fett – 3 Teile Mehl) oder 1:2 (1 Teil Fett – 2 Teile Mehl).

2. Da auch Eier und Zucker den Teig fest machen, sollten sie nur in geringen Mengen zugegeben werden. Verwenden Sie nur feinen Zucker, er verteilt sich besser!

3. Geben Sie das Mehl auf die Tischplatte und drücken Sie in die Mitte eine Kuhle. Auf dem Mehlrand verteilen Sie die Butter in kleinen Stükken. Darüber streuen Sie den Zucker. In die Kuhle geben Sie das Ei oder die Eier. Vom Rand her nach innen hin arbeiten. Dabei kneten Sie den Teig gut durch, so daß er zu einem geschmeidigen Kloß wird.

4. Diesen Kloß stellen Sie am besten für 30–60 Minuten in den Kühlschrank. Erst dann rollen Sie ihn auf bemehlter Unterlage aus.

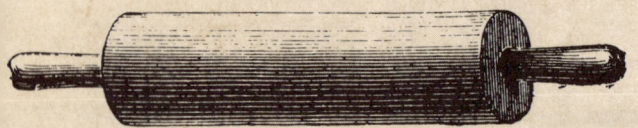

Aprikosentorte

250 g Mehl, 120 g Margarine oder Butter, 75 g Zucker,
1 Paket Vanillezucker, 1 Teelöffel Backpulver, 1 Eigelb
Fülle: 130 g gemahlene Mandeln, 100 g Zucker, 3 Eß-
löffel Sahne, 1 Ei
Belag: 500 g halbierte Aprikosen (konserviert oder
frisch), halbierte Mandeln

Mehl, Margarine oder Butter, Zucker, Vanillezucker,
Backpulver und Eigelb werden zusammen in eine
Schüssel gegeben und durchgeknetet. Eine Springform wird ausgefettet und mit 2/3 des Teiges ausgelegt. Vom Rest wird eine Rolle geformt, an den Teig-
rand gelegt und mit 2 Fingern am Rand hochge-
drückt.
Nun werden für die Fülle die Mandeln mit dem
Zucker, der Sahne und dem verschlagenen Ei ver-
mengt und gleichmäßig auf den Teigboden gestrichen. Die halbierten Aprikosen werden dicht nebeneinander mit der Innenseite nach oben in die Man-
delmasse gelegt. In die Aprikosen wird dann noch jeweils eine halbe Mandel gesteckt. Den Kuchen auf
der untersten Schiene des Backofens bei 200 Grad
etwa 45 Minuten backen.
Variante: Noch heiß mit erhitzter Aprikosenmarmelade bestreichen oder ausgekühlt mit Puderzucker
bestreuen. Dazu Schlagsahne servieren!

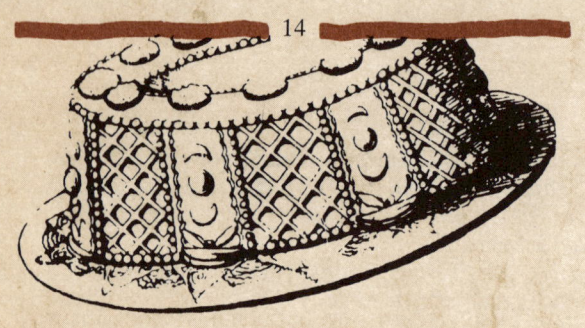

Versteckte Himbeertorte

Teig: Siehe Aprikosentorte Seite 13
Fülle: 600 g Himbeeren (frisch oder tiefgekühlt), 3 Eß-
löffel Zucker, 2–4 Eßlöffel Speisestärke
Belag: 2 Eigelb, 40 g Zucker, 1 Eßlöffel flüssige Butter,
20 g geriebene Mandeln, 1 Eßlöffel Kirschwasser, 2 Ei-
weiß

Den Teig wie im Rezept Seite 13 vorbereiten und
„trocken" abbacken. Die Himbeeren zuckern und
Saft ziehen lassen (tiefgefrorene Himbeeren auftauen). Den Saft auffangen und mit Speisestärke
andicken. Vorsichtig die Früchte unterheben (eventuell etwas nachdicken). In den Tortenboden füllen.
Die Eigelb mit dem Zucker schaumig rühren.
Unter Schlagen die flüssige Butter, die geriebenen
Mandeln und das Kirschwasser einarbeiten. Die Eiweiß zu steifem Schnee schlagen und unterheben.
Auf die Himbeermasse streichen. Bei 225 Grad so
lange überbacken, bis die Decke goldbraun ist.
Ausgekühlt mit Puderzucker bestäuben.

Johannisbeertorte

Teig: Siehe Aprikosentorte Seite 13
Fülle: 5 Eiweiß, 200 g Zucker, 500 g entstielte, gewasche-
ne, rote Johannisbeeren

Den Mürbeteig abbacken. Die Eiweiß zu steifem
Schnee schlagen und dabei langsam den Zucker ein-
rieseln lassen. Vorsichtig die Johannisbeeren unterheben. In den Boden füllen und bei 225 Grad auf der
unteren Schiene des Backofens langsam goldbraun
überbacken.

Stachelbeertorte mit Baiserhaube

1 Mürbeteigboden (siehe Seite 13), 1 Glas Stachelbee-
ren, etwas Speisestärke, knapp 1/4 l Saft
Baiser: 3 Eiweiß, 90 g Zucker, 50 g feingemahlene Man-
deln, 20 g Mandelblättchen

Den Saft der Stachelbeeren mit etwas Speisestärke
andicken. Die Stachelbeeren vorsichtigt unterheben.
Dieses Kompott in den Boden füllen.
Das Eiweiß und den Zucker zu steifem Schnee schlagen. Die gemahlenen Mandeln unterheben. Diese
Schaummasse auf die Stachelbeeren streichen. Mit
einem Löffel kleine Vertiefungen in die Schaummasse drücken, so daß der Anschein von Tälern und
Hügeln erweckt wird. Mit den Mandelblättchen bestreuen. Im vorgeheizten Backofen auf der mittleren
Schiene bei 200 Grad überbacken, bis die Spitzen
braun werden.

Kirschboden, Schwarzwälder Art

1 Mürbeteigboden (siehe Seite 13)
Belag: Kirschwasser, 3/8 l Sahne, 1 Glas entsteinte
schwarze Kirschen, 2 Pakete Vanillezucker, 1 Eßlöffel
Zucker, grob geraspelte Schokolade

Den gut ausgekühlten Boden mit Kirschwasser be-
sprengen und von der Form lösen, aber dennoch darin belassen. Nun wird der Boden dicht mit schwarzen
Kirschen belegt. Die Sahne wird sehr fest geschla-

gen, mit Zucker und Vanillezucker gesüßt und etwa
3 cm hoch und gleichmäßig über die Kirschen gestrichen. Hierüber streut man nun grob geraspelte
Schokolade. Die Torte vor dem Auftragen einige
Stunden zum Durchkühlen in den Kühlschrank
stellen und dann erst aus der Form nehmen.

Käsekuchen

1 Mürbeteigboden (siehe Seite 13),
150 g Margarine oder Butter, 5 Eier, 300 g Zucker,
750 g gut abgetropfter Sahnequark, 5 Eßlöffel Rum,
2 abgeriebene Zitronenschalen, 3 Eßlöffel Grießmehl,
75 g Sultaninen, 50 g gehobelte Mandeln

Die Margarine oder die Butter wird mit den Eiern
und Zucker schaumig geschlagen. Nun rührt man
Quark, Rum, Zitronenschale, Grießmehl und Sultaninen darunter. Den abgebackenen Tortenboden mit
der Quarkmasse bestreichen und anschließend mit
den Mandeln bestreuen. Der Kuchen wird 35 Minuten bei 200 Grad im vorgeheizten Backofen überbacken.

Tip: Sie können den Rum weglassen und statt dessen
Rumrosinen (Fertigprodukt im Tütchen) verwenden.
Am besten schmeckt der Kuchen, wenn er noch
etwas warm ist. Dazu eisgekühlte, geschlagene Sahne
reichen.

Engadiner Nußtorte

300 g Mehl, 150 g Zucker, 150 g Margarine oder Butter,
1 Ei, 1 Prise Salz
Füllung: 200 g Zucker, 300 g gehackte Walnußkerne,
1/4 l Sahne, 20 g Butter

Aus den angegebenen Zutaten bereitet man einen
Mürbeteig, von dem man 1/3 des Teiges beiseite
stellt für den Deckel der Torte. Mit dem übrigen
Teig belegt man den Boden einer kleinen Springform
und den Rand etwa 3 cm hoch. Eventuell den Boden
10 Minuten bei 200 Grad vorbacken.
Für die Fülle den Zucker in einen Topf mit der Butter langsam bräunen, die Nüsse daruntergeben, eben-

falls die Sahne, und das Ganze zweimal kurz aufkochen lassen. Die abgekühlte Masse in die Form
gießen. Aus dem restlichen Teig eine Decke ausrollen und auf die Torte legen. Mit Eigelb bestreichen und mit der Gabel mehrmals einstechen. Den
Kuchen bei 200 Grad etwa 30–40 Minuten hellgelb
abbacken.

Rhabarberkuchen

*125 g Margarine oder Butter, 250 g Mehl, 100 g Zucker,
1 Ei, das Eigelb von 2 hartgekochten Eiern, etwas abgeriebene Zitronenschale
Belag: 1 kg frischer Rhabarber, 2 Eier, 60 g Zucker,
abgeriebene Schale von einer halben Zitrone, 50 g Zwie-
backbrösel, 100 g gehobelte Mandeln*

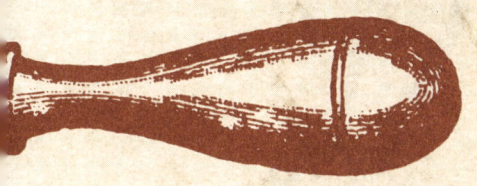

Aus Margarine oder Butter, Mehl, Zucker, Zitronen-
schale, Ei und dem durch ein Haarsieb gestrichenen
Eigelb wird schnell ein Knetteig hergestellt. 2/3 des
Teiges werden auf einer bemehlten Arbeitsfläche
ausgerollt und in eine ausgefettete Springform gelegt.
Aus dem restlichen Teig formt man eine Rolle und

drückt sie an den Formrand. Mit der Gabel mehrmals in den Teig stechen und 10–15 Minuten im vorgeheizten Backofen bei 200 Grad vorbacken. In der Zwischenzeit wird der Rhabarber klein geschnitten und mit 60 g Zucker vermischt. Nach kurzer Zeit den Saft abschütten und den Rhabarber auf den vorgebackenen Boden geben. Das Eigelb wird mit dem Zucker schaumig gerührt, dann die abgeriebene Zitronenschale, der zerriebene Zwieback, der steifgeschlagene Eischnee und die Hälfte der Mandeln vorsichtig untergehoben. Diese Masse auf den Rhabarber füllen, die restlichen Mandeln darüberstreuen und den Kuchen bei 200 Grad etwa noch 25 Minuten weiterbacken. Der abgekühlte Kuchen wird mit Puderzucker überstreut. Dazu frischgeschlagene Sahne servieren.

Altenglischer Apple Pie

Wichtig für das Gelingen dieses vorzüglichen Kuchens ist Eiswasser.

250 g Mehl, 175 g Margarine oder Butter, 2 Eigelb, 30 g Zucker, 1 Prise Salz, 3 Teelöffel Eiswasser
Fülle: 8 Äpfel, Saft und Schale von 1 Zitrone, 1 Paket Vanillezucker, Zucker nach Geschmack, 2 Teelöffel Speisestärke, 60 g Korinthen, je 1 Messerspitze gemahlenen Ingwer und Zimt, Eiweiß zum Bestreichen
Abwandlung: 150 g Aprikosenmarmelade, 1 Eßlöffel Rum, Puderzucker

Das Mehl, die Margarine oder die Butter, das Salz und den Zucker in eine Schüssel geben und zu einem Krümelteig verarbeiten. Das Eiswasser und das Eigelb zugeben und kurz durchkneten. Den Teig 20 Minuten kalt stellen. Die Hälfte des Teiges auf bemehlter Arbeitsfläche ausrollen und eine gefettete und bemehlte Pie- oder Springform damit auslegen. Mit einer Gabel mehrmals in den Teig stechen. Für die Fülle die Äpfel schälen und in feine Scheibchen schneiden, mit dem Zitronensaft, der Zitronenschale, dem Vanillezucker, dem Zucker, der Speisestärke, den Korinthen und den Gewürzen mischen und auf den Teigboden geben. Den restlichen Teig ausrollen, auf die Äpfel legen und mit Eiweiß bestreichen. Die Teigdecke fest an den Rand drücken. In den vorgeheizten Ofen schieben und bei 200 Grad 30 Minuten backen.
Frisch als Nachtisch – wie die Engländer es tun – oder zum Kaffee mit geschlagener Sahne servieren.

Abwandlung: Den noch heißen Kuchen mit erhitzter Aprikosenmarmelade bestreichen. Auskühlen lassen. Puderzucker mit Rum verrühren und als Guß obenauf streichen.

Gedeckter Apfelkuchen

Dieser Kuchen ist – ohne Puderzucker – gut für Diabetiker geeignet. Es schmeckt am besten, wenn er sofort nach dem Auskühlen gegessen wird.

250 g Mehl, 125 g Margarine oder Butter, 5 Eßlöffel Sahne, 3 Eßlöffel Puderzucker
Fülle: 8 Boskop-Äpfel
Abwandlung: Zusätzlich etwas Zimt, 3 Eßlöffel Sultaninen

Aus Mehl, Margarine oder Butter, Sahne und Puderzucker wird sehr schnell ein Knetteig zubereitet. Die Hälfte des Teiges wird mit Hilfe des Rollholzes zu einem Boden geformt. Eine gefettete Springform wird damit ausgelegt. Der Teig muß nun im vorgeheizten Ofen bei 200 Grad etwa 10 Minuten vorgebacken werden. In der Zwischenzeit werden die Äpfel geschält, in sehr feine Scheibchen geschnitten und auf den vorgebackenen Boden gelegt. Die

andere Hälfte des Teiges wird darübergegeben und
der Kuchen bei 200 Grad noch etwa 35 Minuten
gebacken. Den fertigen Kuchen kann man mit etwas
Puderzucker überstäuben. Dazu Schlagsahne
reichen.

Prinz-Karl-Torte

*250 g Mehl, 125 g Zucker, 100 g gehackte Mandeln,
125 g Butter, 1 Ei, 1 Eßlöffel Kakao, 1 Teelöffel Backpulver*
*Fülle: 250 g Butter, 1 Ei, 2 Eßlöffel Rum, 250 g Zucker,
2 Eßlöffel Kakao*

Aus den Teigzutaten einen Mürbeteig kneten und
davon drei einzelne Böden abbacken.
Für die Füllung die Butter mit dem Zucker schaumig
rühren. Dann das Ei, den Rum und den Kakao hin-
zufügen.
Die ausgekühlten Böden mit der Masse füllen und
zusammensetzen. Rundum und obenauf mit Masse
bestreichen und mit Kakaopulver bestäuben. Erst am
darauffolgenden Tag anschneiden.

Nuß-Mürbeteig, Grundrezept

Das Rezept reicht für 4 Böden einer Springform von
24 cm ⌀. Wenn Sie nur 1 oder 2 Böden im Moment
benötigen, dann frieren Sie den Rest portionsweise
ein, der nach dem Auftauen wie frischer Teig be-
handelt wird.

*300 g Mehl, 2 Teelöffel Backpulver, 1 Eßlöffel schwach
entölter Kakao, 180 g Zucker, 1 Ei, 180 g Butter, 200 g
gemahlene Haselnüsse*

Die Zutaten zu einem geschmeidigen Teig verkne-
ten. Da dieser sehr fettreich ist, läßt er sich schwer-
lich ausrollen. Sie kneten ihn besser mit bemehlten
Händen in die mit Backpapier ausgelegte Springform.
Das Abbacken bei 220 Grad dauert etwa 15 Minuten.
Vorsichtig vom Papier lösen.

Zitronentorte

3 Nuß-Mürbeteigböden (siehe Seite 26), einzeln abbakken
Fülle: 1/2 l Sahne, 2 Eßlöffel Zucker, 1 Paket Vanillezucker, 1 Paket gemahlene weiße Gelatine, Saft und abgeriebene Schale von einer Zitrone
Garnitur: Gemahlene Haselnüsse, kandierte Zitronenscheiben, kandierte Veilchen

Die Gelatine nach Packungsanweisung quellen lassen und auflösen. Die Sahne steif schlagen und süßen. Bei ständigem Schlagen den Zitronensaft und die abgeriebene Schale einarbeiten. Zum Schluß die flüssige Gelatine einfließen lassen. Den ersten Boden mit 1/3 der Sahne bestreichen, den zweiten Boden auflegen. Auch diesen mit 1/3 der Sahne bestreichen. Den dritten Boden auflegen. Rundum und obenauf mit Sahne überziehen. Mit gemahlenen Haselnüssen bestreuen. Den Rand mit dicht aneinandergelegten, halbierten Zitronenscheiben garnieren. In die Mitte ein paar Veilchen setzen.

Litschitorte

1 Nuß-Mürbeteigboden (siehe Seite 26), 1 Dose Litschis, 1/4 l Sahne, 1 Paket Vanillezucker, 1 Eßlöffel Zucker, 1 Paket Sahnesteif, Schokoladenraspeln zum Dekorieren

Den abgebackenen und ausgekühlten Boden auf eine Tortenplatte legen. Die Litschis abtropfen lassen. Die

Sahne steif schlagen und zuckern. Den Boden mit 2/3 der Sahne bestreichen. Den Rest in einen Spritzbeutel füllen und an der Tortenkante entlangspritzen, so daß die Früchte nicht wegrutschen können. Die Früchte auflegen. Mit Schokoladenraspeln überstreuen. Im Kühlschrank 2–3 Stunden lang ziehen lassen.

Kiwitorte

Bei dieser Torte werden lediglich die Litschis durch geschälte und in Scheiben geschnittene Kiwis ersetzt. Statt der Raspeln nehmen Sie zum Dekorieren Krokant. (Wie man ihn anfertigt, steht auf Seite 47.)

Birnentorte mit Schokoladenguß

Hier werden die Litschis durch abgetropfte Williams-
Christ-Birnen ersetzt. Man legt sie mit der Schnitt-
fläche nach unten und mit der Schmalseite nach
innen sternförmig auf die Sahne.
Garnitur: Die Birnen mit aufgelöster Schokoladenglasur überziehen.

Eistorte „Fürst Pückler"

Der Konditormeister Schulz aus der Lausitz benann-
te seine Eis-Schicht-Torte nach dem Gartenbau-
künstler und Feinschmecker Fürst von Pückler zu
Muskau in Schlesien (1785–1875). Seitdem trat diese
Eistorte einen Siegeszug durch die deutschen Lande
an.

*1 Nuß-Mürbeteigboden von 26 cm ⌀ (siehe Seite 26;
verwenden Sie am besten 2 Anteile Böden zum Ein-
kneten in die Form)*
*Für die Eisfüllung: 6 Eigelb, 150 g Zucker, 6 Eßlöffel
Weißwein, 1/2 Paket gemahlene weiße Gelatine, 3/4 l
Sahne, 2 Eßlöffel Kakao, einige in Maraschino getränkte Makronen, 250 g tiefgekühlte Himbeeren oder Erdbeeren*
*Garnierung: 1/8 l Sahne, 1/2 Paket Vanillezucker, 1 Tee-
löffel Zucker, Borken- oder Raspelschokolade*

Den Mürbeteig auf den Boden einer Springform
drücken und goldbraun abbacken. Auskühlen lassen.
Das Eigelb, den Zucker und den Weißwein schaumig schlagen. Ins Wasserbad setzen und so lange
schlagen, bis eine Creme entsteht. Die eingeweichte
und aufgelöste Gelatine hineinschlagen.
Abkühlen lassen, ab und zu durchrühren. Die Sahne
schlagen und unterziehen. Diese Masse in drei Teile
portionieren. Den ersten Teil auf den Tortenboden
streichen und für 15 Minuten in das Vorfrostfach stel-

len. Inzwischen den zweiten Teil der Sahne mit den aufgetauten und zerstampften oder passierten Himbeeren oder Erdbeeren mischen. Auf die erste Schicht streichen und abermals gefrieren. Den dritten Teil mit Kakao anreichern und auf den Kuchen streichen. Eine Nacht lang gut durchfrieren lassen. Am anderen Tag mit gesüßter, steifgeschlagener Sahne überziehen und mit Borkenschokolade garnieren. Diese Torte schmeckt sowohl als Dessert mit einer Tasse Mokka als auch zur Kaffeezeit.

Eigene Rezepte & Notizen

Kuchen und Torten aus Rührteig

Rührteig

und was Sie zu dessen gutem Gelingen wissen sollten.

1. Die Butter oder die Margarine, die Sie verwenden, sollte weich sein, damit sie sich besser verrühren läßt.

2. Butter und Zucker werden so lange gerührt, bis sie weiß-schaumig sind.

3. Der 3. Arbeitsgang ist das Einarbeiten der Eier. Man gibt sie nach und nach zu – niemals alle zusammen. Es muß so lange gerührt werden, bis sich der Zucker ganz aufgelöst hat und die Masse glatt ist.

4. Das Mehl mit dem Backpulver vermischen und löffelweise einrühren.

5. Jetzt kommen alle übrigen trockenen Zutaten in den Teig, wie z.B. Kakao, gemahlene Nüsse, Rosinen, Gewürze.

6. Damit der Teig nicht zäh wird, gibt man Milch dazu, aber nur so viel, daß der Teig noch schwer reißend vom Löffel fällt.

Altdeutscher Napfkuchen

In früheren Zeiten sah man häufig des Samstags die Hausfrauen zur Backstube des Bäckers eilen. Backen außer Haus war damals Mode, als man noch nicht so

gute Herde und Öfen hatte. Der Napfkuchenteig wurde in eine tönerne Form mit schrägen Rillen eingefüllt und gelang darin besonders gut. In ländlichen Gemeinden brachte man die Kuchenform ins Gemeindebackhaus. Wenn die Mutter mit dem fertigen Kuchen aus dem Backhaus kam, strömte ein lieblicher Kuchenduft durch alle guten Stuben, es roch nach Bäcker und Backhaus; der feierliche Familien-Sonntag war angekündigt.

250 g Butter, 350 g gesiebtes Weizenmehl, 250 g Zucker, 70 g gehackte süße Mandeln, 20 g gehackte bittere Mandeln, 8 Eigelb, 8 Eiweiß, etwas Zitronenabrieb, 1 Prise Muskatblüte, 1 Messerspitze Kardamom

Die Butter in der Schüssel schaumig rühren und nach und nach das Mehl untermengen. Sodann rührt man Eigelb, Zucker, Mandeln und Gewürze in einer zweiten Schüssel recht schaumig. Dann mischt man beide Massen zusammen und zieht abschließend das steifgeschlagene Eiweiß darunter. Eine ausgebutterte tönerne Form mit feinem Semmelmehl ausstreuen, die Kuchenmasse einfüllen und eine gute Stunde im vorgeheizten, mäßig warmen Ofen backen. Stichprobe mit dem Holzstäbchen machen. Den erkalteten Kuchen stürzen und mit Puderzucker bestäuben.

Spanischer Vanillekuchen

250 g Marzipanrohmasse, 125 g Zucker, 2 Pakete Vanillezucker, 5 Tropfen Vanilleextrakt, 1 Prise Salz, 1 Ei,

6 Eigelb, 100 g Mehl, 50 g Speisestärke, 60 g Schokola-
densplitter, 6 Eiweiß
Zum Dekorieren: 1 Paket Schokoladenglasur, gehackte
Pistazien

Die Marzipanrohmasse zerkrümeln und mit dem
Zucker, Vanillezucker und Vanilleextrakt glatt rühren. Salz, Ei und Eigelb zugeben, danach das Mehl
und die Speisestärke. Kräftig schlagen, damit die
Masse schaumig weiß wird. Dann das Eiweiß zu
Schnee schlagen und mit den Schokoladensplittern
unter den Teig heben. Eine Springform von 26 cm ⌀
fetten und bemehlen, den Teig einfüllen. Bei 200
Grad auf der untersten Schiene etwa 50 Minuten
backen. Ausgekühlt auf ein Gitter stürzen und mit
aufgelöster Schokoladenglasur überziehen. Mit gehackten Pistazien bestreuen.

Englischer Früchtekuchen

– diesen Kuchen werden Sie immer wieder backen
müssen, er ist sehr saftig und vom Geschmack her
wunderbar ausgewogen. Zur Weihnachtszeit backen
Sie ihn vielleicht einmal in Stern- oder aber auch in
großen und kleinen Herzformen und verschenken
ihn dann mit oder ohne Form. Es gibt sehr schöne
Herzbackformen aus Ton; sie sind zum Verschenken
am besten geeignet.

Dieser Kuchen ist, in Alufolie verpackt, wochenlang
haltbar und schmeckt erst richtig gut, wenn er ein
paar Tage alt ist.

*200 g Margarine oder Butter, 200 g Mehl, 5 Eier,
1 Prise Salz, 200 g Zucker, 2 Eßlöffel Kakao, 50 g
Zitronat, 50 g Orangeat, 200 g gemahlene Haselnüsse,
200 g kandierte Kirschen, grün und rot, 1 Messerspitze
Zimt, Kardamom, Ingwer und Muskat, abgeriebene
Schale einer Zitrone und Apfelsine, 400 g getrocknete
Früchte (Pflaumen, Aprikosen, Birnen), 100 g grob ge-
hackte Schokolade, 50 g Marzipanrohmasse
Zum Tränken: 5 Eßlöffel Whisky oder Rum, 1 Paket
Vanillezucker, 1 Eßlöffel Pulverkaffee, 1 Eßlöffel Puder-
zucker
Guß: 200 g Schokoladenkuvertüre
Zum Dekorieren: Belegkirschen, halbierte Mandeln und
Walnüsse, Pistazien*

Das Fett schaumig rühren und abwechselnd den
Zucker, die Eier, das Salz, das Mehl und den Kakao

unterrühren. Die getrockneten Früchte in kleine
Würfel schneiden und zusammen mit den übrigen
Zutaten zu der Schaummasse geben. Den Teig in gut
gefettete Formen füllen und im vorgeheizten Ofen
bei 150 Grad ca. 1 Stunde backen. Sollten Sie kleine
Förmchen verwenden, so ist die Backzeit kürzer.
Während dieser Zeit die Zutaten zum Tränken vermischen. Den noch heißen Kuchen mehrere Male
mit der Nadel einstechen, das Gemisch aus Kaffee,
Rum und Zucker darüberträufeln und einziehen lassen. Den erkalteten Kuchen aus der Form lösen, mit
Kuvertüre überziehen und mit den oben angegebenen Zutaten bunt verzieren. In Klarsichtfolie und mit
hübschem Schleifenband verschlossen, ist dieser
Kuchen ein köstliches Mitbringsel. Wollen Sie jedoch einen Kuchen mit der Form verschenken, so
überziehen Sie nur die Oberfläche mit Kuvertüre
und verzieren ihn anschließend.

Herbsttorte

Wenn Sie die Kastanien selbst suchen wollen, was
besonderen Spaß macht, dann erkundigen Sie sich
am besten vorher, wo Eßkastanien stehen: Nicht jede
Kastanie ist zum Verzehr geeignet. Wenn Sie es be-
quemer wünschen: Jedes gute Gemüse- und Fein-
kostgeschäft führt im Herbst und Winter frische Kastanien. Im Odenwald z.B. und in Bayern können Sie
Eßkastanien nicht nur auf dem Markt, sondern auch

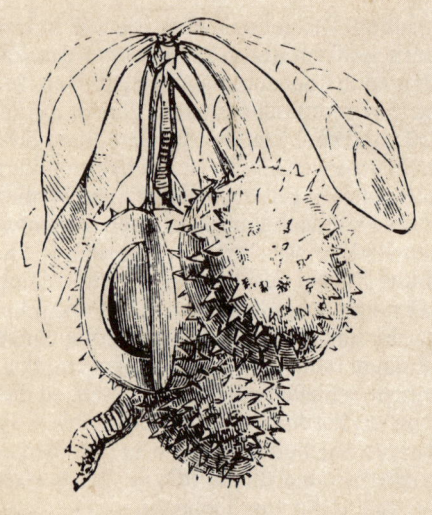

an der Haustür kaufen. Sollten Sie jedoch keine Ge-
legenheit haben, frische Eßkastanien zu erstehen, so
kaufen Sie Maronenpüree als Konserve.

140 g Zucker, 6 Eier, 170–200 g Eßkastanien (Maronen)
50 g Paniermehl
Fülle: 1/4 l Sahne, 30 g Zucker, 170–200 g Eßkastanien,
2 Eßlöffel Aprikosenmarmelade, 1 Paket Schokoladen-
glasur

Die Kastanien waschen. Auf der gerundeten Seite
die Schale kreuzweise einritzen, auf ein nasses
Backblech legen und ungefähr 10 Minuten lang im

vorgeheizten Backofen rösten. Sie sind gut, wenn die Schalen springen. Dann werden die Kastanien geschält und in kochendes Wasser gegeben. 20–30 Minuten lang kochen lassen. Das Wasser wegschütten und die Maronen pürieren, so lange sie noch heiß sind. Die Menge für den Teig und die Fülle halbieren.

Nun bereitet man den Teig: Die Eier trennen. Das Eigelb mit dem Zucker schaumig rühren. Die erste Hälfte des Kastanienpürees und das Paniermehl einarbeiten. Das Eiweiß zu steifem Schnee schlagen und vorsichtig unterheben. In eine gefettete Springform füllen und 35 Minuten lang bei 180 Grad backen. Nach dem Erkalten die Torte waagerecht durchschneiden. Die Sahne steif schlagen, leicht zuckern und die zweite Hälfte des Maronenpürees zugeben. Den unteren Teigboden dünn mit Marmelade bestreichen und mit der Sahne füllen. Den zweiten Boden auflegen. Diesen dünn mit aufgelöster Glasur überziehen.

Himmelstorte

250 g Margarine oder Butter, 200 g Zucker, 1 Paket Vanillezucker, 3 Eier, 500 g Mehl, 1 1/2 Teelöffel Backpulver
Belag: 2 Eiweiß, 150 g blättrige Mandeln
Fülle: 3 Teelöffel gemahlene Gelatine, 3 Eßlöffel Wasser, 1/2 l Sahne, 1 Paket Vanillezucker, 2 Eßlöffel Zucker

Die weiche Margarine oder Butter rührt man mit
Zucker und Vanillezucker schaumig und gibt nach
und nach die Eier und das gesiebte, mit Backpulver
vermischte Mehl dazu. Der Boden einer Springform
von 26 cm ⌀ wird eingefettet und mit 1/4 des Teiges
bestrichen. Dünn mit verschlagenem Eiweiß bestreichen und mit blättrigen Mandeln bestreuen. Den Boden bei 200 Grad etwa 15 Minuten goldgelb abbacken. Von dem restlichen Teig, dem Eiweiß und
den Mandeln in gleicher Weise noch drei Böden
backen.
Für die Fülle die Gelatine nach Vorschrift auf der
Packung quellen lassen und auflösen. Die Sahne
süßen und sehr steif schlagen. Mit der abgekühlten,
jedoch noch flüssigen Gelatine vermischen. Bei der
fertigen Torte wird nur der Rand mit der Sahne bestrichen. Sie schmeckt am besten und läßt sich dann
auch gut schneiden, wenn sie einen Tag vor dem
Verzehr zubereitet wird.

Variante: Mischen Sie in die Sahne einige Eßlöffel
Preiselbeerkompott. Die angegebene Menge Zucker
entfällt dann, weil die Beeren genügend Süßkraft be-
sitzen.

Mandel- oder Nußtorte

Dieser Kuchen ähnelt der Sachertorte, ist aber mei-
nes Erachtens leichter und, wenn er am Tag vor dem
Verzehr zubereitet wird, saftiger. Variieren Sie den
Kuchen öfter mal!

Das Grundrezept lautet wie folgt:

140 g Butter, 140 g Zucker, 1 Ei, 3 Eigelb, 70 g Paniermehl, 70 g gemahlene Mandeln, 70 g Schokoladenraspeln, 3 Eiweiß

Zum Bestreichen: 1/2 Glas Aprikosenmarmelade, 1 Töpfchen Schokoladenglasur, kleine Pralinen, Borkenschokolade, Mokkabohnen, Nüsse oder abgezogene halbierte Mandeln zum Verzieren

Aus den angegebenen Zutaten einen Rührteig herstellen. Den steifgeschlagenen Eischnee zum Schluß unterheben. Eine Springform von 24 cm ⌀ mit Backpapier auslegen. Den Teig einfüllen und bei 175 Grad etwa 30 Minuten lang backen. Den Rand der Form lösen, jedoch den Kuchen für 5 Minuten in der

Form belassen. Dann auf einen Kuchendraht stürzen.
Das Papier abziehen. Die Marmelade glatt rühren
und auf den Kuchen streichen. Auskühlen lassen
und mit aufgelöster Schokoladenglasur überziehen.
Mit kleinen Pralinen, mit Borkenschokolade oder mit
Mokkabohnen usw. verzieren.

1. Variante: Nehmen Sie statt der Mandeln die gleiche Menge gemahlener Haselnüsse. So schmeckt der
Kuchen kräftiger.

2. Variante: Mischen Sie in eine der beiden Teigarten
noch 1 Messerspitze Nelkenpulver und 1 Teelöffel
Zimt. Bestreichen Sie den Kuchen dann statt mit
Aprikosenmarmelade mit Preiselbeerkompott. Er
erhält damit die Geschmacksrichtung einer Linzer
Torte.

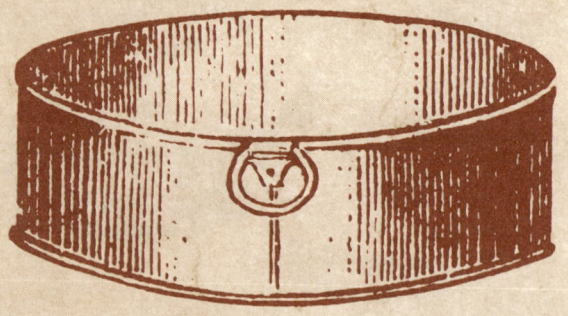

Feine Mandeltorte

*200 g Margarine oder Butter, 200 g Puderzucker, 7 Eier,
200 g gemahlene Mandeln, 80 g Paniermehl, 1 Teelöffel
Pulverkaffee, 80 g geriebene Blockschokolade
Belag: 1/4 l Schlagsahne, 1 Paket Sahnesteif, 1 Paket
Vanillezucker
Krokant: 1 Eßlöffel Butter, 40 g gehackte Mandeln,
1 Eßlöffel Zucker, 1 Teelöffel Zimt in einer Pfanne
karamelisieren, auskühlen lassen und zerstoßen*

Die Butter schaumig rühren, nach und nach den ge-
siebten Puderzucker und das Eigelb dazurühren.
Nun die geriebene Blockschokolade, den Pulverkaffee und das Paniermehl dazugeben. Zuletzt werden das recht steif geschlagene Eiweiß und die gemahlenen Mandeln vorsichtig untergehoben. Der
Teig wird in eine gut ausgefettete Form gefüllt. Die
Torte muß bei 180 Grad ca. 40 Minuten backen und
wird erst nach dem Auskühlen mit der steifgeschlagenen Sahne bespritzt. Mit Krokant bestreuen.

Kirschtorte

Diese Torte kann man nur im Frühsommer backen, da sie mit frischen Kirschen zubereitet wird.

180 g Zucker, 180 g Margarine oder Butter, 6 Eier, 100 g geriebene Blockschokolade, 120 g Paniermehl, 70 g gemahlene Mandeln, 70 g gemahlene Haselnüsse, 1 Eßlöffel Pulverkaffee, 750 g entsteinte Süßkirschen, Puderzucker zum Bestäuben

Die Butter oder Margarine wird mit dem Zucker schaumig gerührt. Nach und nach werden das Eigelb, die geriebene Schokolade, die Mandeln, die Nüsse, das Paniermehl und der Pulverkaffee untergerührt.

Zuletzt wird das steifgeschlagene Eiweiß vorsichtig untergehoben. Diese Masse in eine gut gefettete und mit Mehl ausgestäubte Springform füllen und mit den entsteinten Kirschen belegen. Die Kirschen rutschen beim Backen in den Teig. Die Backzeit beträgt ca. 60 Minuten bei 175 Grad. Nach dem Auskühlen mit Puderzucker bestäuben.

Apfelkuchen, fein

100 g Butter oder Margarine, 125 g Zucker, 2 Eier, 4 Tropfen Backöl Zitrone, 200 g Mehl, 2 Teelöffel Backpulver, etwas Milch
Belag: 750 g Äpfel, Zimtzucker, geblätterte Mandeln, Butterflöckchen

Nach den Grundregeln (siehe Seite 36) einen Rührteig herstellen und diesen in eine mit Backpapier ausgelegte Springform von 26 cm ∅ geben. Die Äpfel schälen, halbieren und das Kerngehäuse herausschneiden. Sollten es große Äpfel sein, dann vierteln; ansonsten bleiben sie halbiert. Die geschälte Seite einige Male mit dem Messer einritzen. Mit dieser Seite nach oben auf den Teig legen, möglichst dicht aneinander. Mit Zimtzucker und mit Mandelblättchen bestreuen. Butterflöckchen aufsetzen. Im vorgeheizten Ofen bei 175 Grad etwa 40–50 Minuten lang backen. Hölzchenprobe machen: Stechen Sie mit einem Zahnstocher in den Kuchen. Wenn kein Teig haften bleibt, ist der Kuchen gut.

Geistreiche Birnentorte

Einen Rührteig wie bei „Apfelkuchen, fein" herstellen, aber außerdem noch 200 g gemahlene Nüsse oder Mandeln hineingeben. Eine Springform von 26 cm ⌀ mit Backpapier auslegen, den Teig einfüllen und bei 225 Grad etwa 30–40 Minuten lang goldbraun backen.

Zum Beträufeln: 6 cl Birnengeist
Als Belag: 1 kg frische Williams-Christ-Birnen, 1/2 Glas
Honig (225 g), 6 cl Birnengeist, 1/4 l Wasser
Zum Überziehen: 1 Paket Schokoladenglasur

Die Birnen schälen und in breite Spalten schneiden. Honig mit Birnengeist und Wasser aufkochen und

die Birnen hineingeben. Etwa 10 Minuten lang darin ziehen lassen, so daß sie halb weich sind.

Den fertigen Kuchen in der Form etwas auskühlen lassen, auf eine Tortenplatte legen und mit Birnengeist tränken. Die abgekühlten Birnenstücke fächerartig auf dem Kuchen anrichten. Mit aufgelöster Schokoladenglasur die Torte ringsum bestreichen. Zur Dekoration können Sie gehackte Pistazien nehmen oder, wenn die Glasur erstarrt ist, Sahnetupfen.

Marzipan-Rum-Torte

200 g Butter, 180 g Zucker, 4 Eier, 200 g Mehl, 1 Paket Backpulver, 125 g ungeschälte, geriebene Mandeln oder Nüsse, 100 g geriebene Schokolade, 1 Teelöffel Zimt, 3 Eßlöffel Rum (40% Vol.), 500 g abgetropfte Rumtopf-Früchte, 200 g Marzipanrohmasse, Schokoladenglasur

Butter, Zucker und Eier cremig rühren. Danach Mehl, Backpulver, die Mandeln und Schokolade sowie Zimt und Rum zufügen. Eine Springform von 26 cm ∅ fetten, bemehlen und 1/3 des Teiges einfüllen. Die Marzipanrohmasse ausrollen und auflegen. Den übrigen Teig mit den Früchten mischen und einfüllen. Bei 175 Grad etwa 75 Minuten lang backen. Auskühlen lassen und mit Schokoladenglasur überziehen.

Variante: Statt der Rumtopf-Früchte können Sie auch abgetropftes Obst aus der Dose nehmen, z.B. Kirschen.

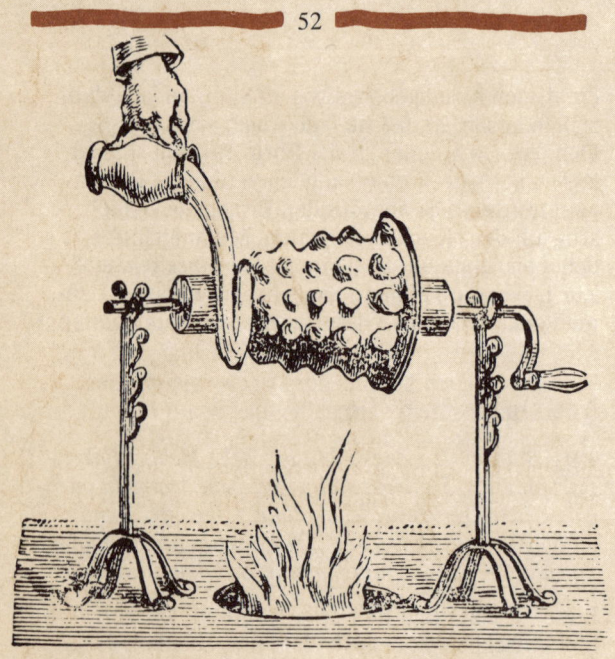

Baumkuchen

Der Hof-Konditor Jaedicke in Berlin erlangte mit seinen Baumkuchen Weltberühmtheit. Bis auf den heu-
tigen Tag war und blieb diese Kuchenspezialität ein
Dauerrenner in der Welt der Feinschmecker und
Kuchenfreunde. Seit den Zeiten des großartigen
Hauses M. Kempinski & Co. steht Baumkuchen als
Exportartikel zum Versand in alle Erdteile bereit. Da
wurden Baumkuchen in dauerhaften Faltkartons ver-
sandfertig gepackt und zu 5,50 Reichsmark in den

Goldenen Zwanzigern bis nach Übersee versandt.
Daneben wurden Baumkuchenspitzen und Baum-
kuchenringe in durchsichtiger Packung angeboten.
Aber nicht nur in Berlin war Baumkuchen berühmt.
Die Rezeptur wanderte im Laufe der Jahrzehnte
durch ganz Deutschland. Man mag wohl glauben,
was die Historie berichtet, daß einst ein Kaminkehrer
aus dem Brandenburgischen bei einem Berliner
Bäckermeister Unterkunft, Trank und Kost fand und
zum Dank dafür, und da er nicht in klingender
Münze berappen konnte, dem Bäckermeister das
Baumkuchenrezept vermachte, das er auf seiner
Wanderschaft irgendwo aufgeschnappt hatte.
Das Backen des Baumkuchens erfordert einen
entsprechenden Backapparat, der in Haushalten
natürlich nicht vorhanden ist. Wer einen Grill mit
Drehspieß hat, kann vielleicht bei einigem Geschick
einen in Wasser getränkten Holzstamm, mit Alu-
Folie umwickelt, einspannen und darauf seinen
Baumkuchen backen.
Die Alu-Folie auf dem Drehspieß wird gefettet.
Wenn sie heiß geworden ist, wird der Baumkuchen-
teig mittels Schöpfkelle in Ringen und Abständen
aufgetragen. Erst wenn diese aufgetragene Backmas-
se goldgelb gebacken ist, wird mit der Schöpfkelle
die nächste Schicht aufgetragen. Da die Masse das
Bestreben hat, abzutropfen, bilden sich bei der Drehung des Stammes die Baumzacken und Ringe.
Wenn der Stamm eine genügende Dicke erreicht hat,
wird die Masse für die zuletzt aufzutragenden

Schichten mit etwas süßer Sahne verdünnt und so
aufgetragen.

Das gute Aussehen des gebackenen Baumkuchens
hängt von dem sachgemäßen Auftragen der Masse
und von der gleichmäßigen Drehung des Stamms ab,
auch von der gleichmäßigen Hitze. Im allgemeinen
wird der Baumkuchenstamm mit einer Zuckerglasur
überzogen, der man etwas Maraschinolikör unter-
zieht. Wer nicht die Möglichkeit hat, sich einen
Baumkuchenstamm im Do-it-yourself-Verfahren zu
backen, braucht dennoch nicht zu verzichten: Er
backt ihn als Schichttorte im Backofen.

Schichttorte

Die Zutatenangaben sind für eine Springform von
24 cm Ø bemessen und ergeben 8–10 Schichten.

*250 g Butter, 250 g Zucker, 1 Paket Vanillezucker, 3 Ei-
gelb, 3 Eier, 30 g gemahlene Mandeln, 1 Eßlöffel Rum,
185 g Mehl, 70 g Speisestärke, 2 Teelöffel Backpulver,
3 Eiweiß, 1/2 Glas Aprikosenmarmelade, Zuckerglasur
aus Puderzucker, Zitronensaft und Rum oder Maraschinolikör*

Butter und Zucker schaumig rühren, nach und nach
die Eigelb und die ganzen Eier zugeben und den
Teig weißschaumig schlagen. Mehl, Speisestärke und
Backpulver mischen und mit den Mandeln und dem
Rum einarbeiten. Die Eiweiß steif schlagen und vorsichtig unterheben. Eine Springform mit Backpapier
auslegen. Eine kleine Suppenkelle voll Teig (die

Schichten sollen möglichst dünn sein) auf dem Boden verstreichen. Bei 250–300 Grad auf der höchstmöglichen Schiene goldgelb backen. Die Form aus dem Ofen nehmen und wiederum eine Kelle voll Teig daraufstreichen. Fortlaufend so weiterarbeiten, bis der Teig verbraucht ist. Das Abbacken erfordert Geduld, da die Schichten in 1–2 Minuten jeweils braun sind, so daß man keine andere Arbeit zwischendurch erledigen kann. Den fertigen Kuchen in der Form etwas auskühlen lassen. Dann mit heißer Aprikosenmarmelade bestreichen. Aus der Form nehmen und ausgekühlt mit Zuckerglasur, der man etwas Maraschinolikör oder Rum beigemischt hat, überziehen.

Variante: Bevor der Zuckerguß aufgetragen wird, belegt man die Torte mit einer dünn ausgewellten Platte Rohmarzipan.

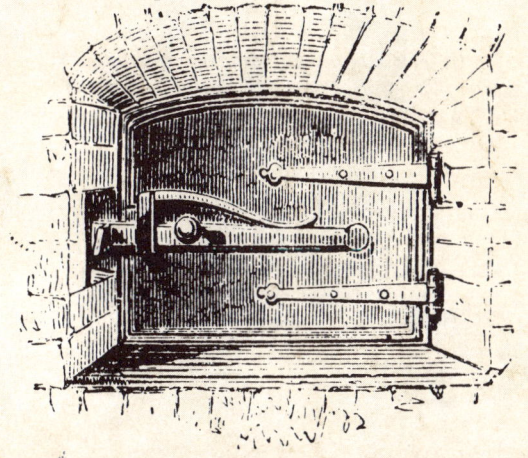

Kirschtorte „Berlin"

Kirschtorte „Berlin" ist eine moderne Variante der Schichttorte. Sie ist herzhaft und saftig. An Teigmenge brauchen Sie nur die Hälfte der im vorigen Rezept angegebenen Zutaten (1 Ei, 2 Eigelb, 2 Eiweiß). Sie backen die Schichten wie beschrieben ab und lassen den Kuchen auf einem Kuchengitter auskühlen. Dann bestreichen Sie ihn mit Kirschkonfitüre.

Belag: 750 g frische, entsteinte Schwarzkirschen oder 900 g Sauerkirschen oder Schwarzkirschen aus dem Glas, 2 Eßlöffel Zucker, 4 cl Kirschwasser, knapp 1/4 l Kirschsaft, 1 Paket roter Tortenguß, 50 g geröstete Mandelblättchen

Wenn Sie frische Kirschen nehmen, kochen Sie sie mit 2 Eßlöffeln Wasser auf und lassen sie etwas Saft ziehen.
Die Kirschen abtropfen lassen. Den Saft auffangen. Die Kirschen dicht nebeneinander auf die Torte legen. Knapp 1/4 l Saft wird mit dem Zucker und dem Tortenguß verquirlt und zum Kochen gebracht. Danach das Kirschwasser zufügen. Gut durchrühren. Diese Glasur über die Kirschen ziehen. Den Rand der Torte mit Marmelade bestreichen und mit gerösteten Mandeln garnieren. Geschlagene Sahne dazu reichen.

Eigene Rezepte & Notizen

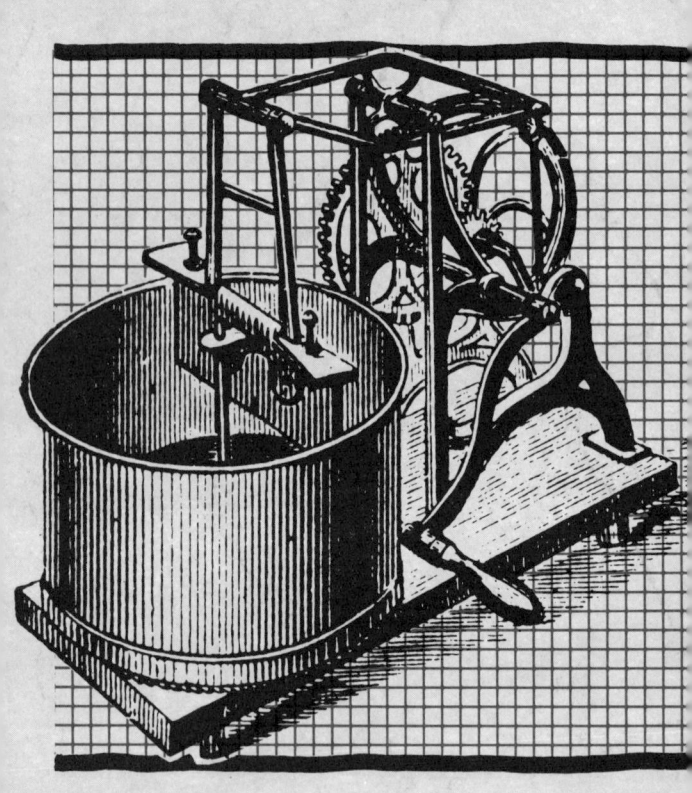

Kuchen und Torten aus Biskuitteig

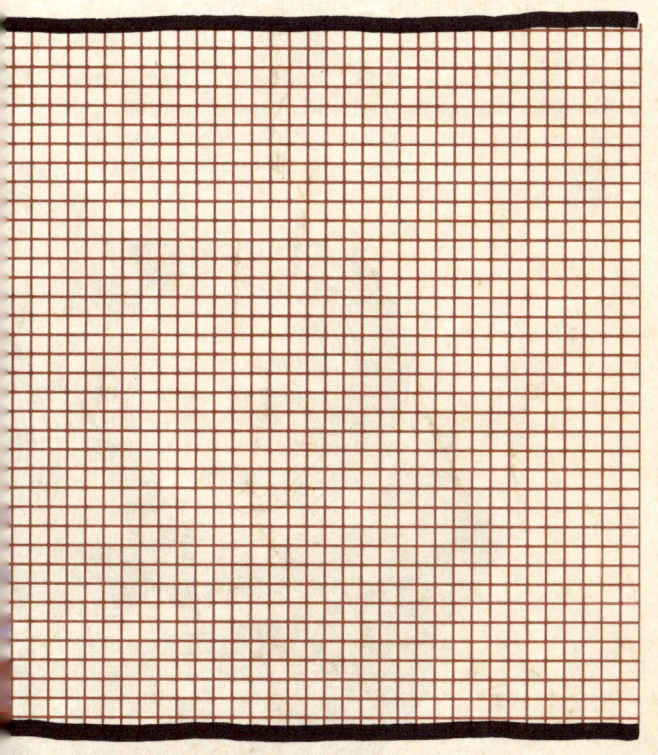

Biskuitteig

Mit diesen Regeln gelingt der Biskuitteig immer:

1. Biskuit ist eine lockere Gebäckart, die mit wenig Mehl, aber vielen Eiern zubereitet wird. Der Eischnee gibt dem Biskuit einerseits Standfestigkeit, andererseits lockert er ihn ohne Treibmittel.

2. Biskuit kann auf zwei Arten zubereitet werden: a) Eigelb, Wasser und Zucker schaumig schlagen und zum Schluß Eischnee, Mehl und Speisestärke unterheben – oder

b) Eiweiß, Zucker und Wasser sehr steif schlagen und dann die anderen Zutaten unterheben.

3. Sofort abbacken, da der Eischnee sonst an Festigkeit verliert. Wichtig ist, daß der Backofen vorgeheizt ist.

4. Biskuits, die man füllen will, schneidet man erst nach dem völligen Erkalten – am besten am nächsten Tag – durch.

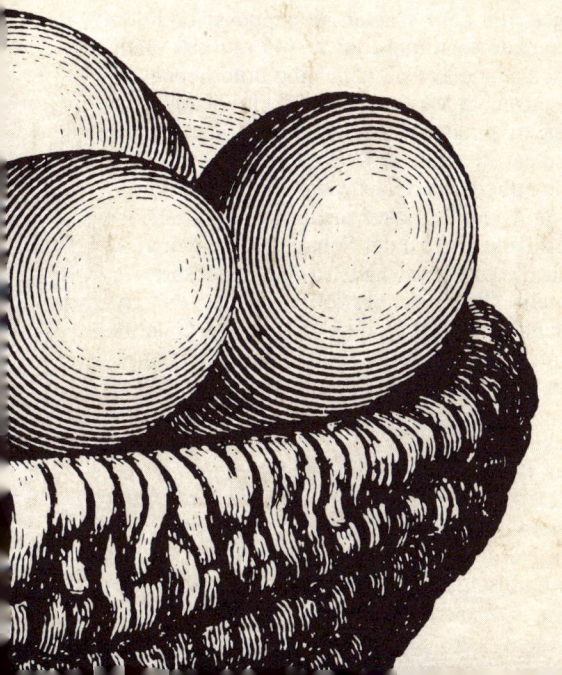

Birnentorte

3 Eier, 3 Eßlöffel warmes Wasser, 100 g Zucker, 1 Paket
Vanillezucker, 75 g Mehl, 40 g Stärkemehl
Fülle: Rum zum Tränken des Bodens, 3 Eigelb, 150 g
Zucker, 1/2 l Milch, 1 Paket Vanillezucker, 1 Teelöffel
Stärkemehl, 1 Paket gemahlene weiße Gelatine, 1/4 l
Sahne, 1 Eßlöffel Rum, 1 große Dose halbierte Wil-
liams-Christ-Birnen, 1/2 Paket heller Tortenguß, 100 g in
Butter geröstete Mandeln

Das Eigelb mit dem Wasser, dem Zucker und dem
Vanillezucker schaumig rühren und nun das recht
steif geschlagene Eiweiß vorsichtig unterheben. Zuletzt das gesiebte Mehl sowie Stärkemehl zugeben.
Den Teig in ein gefettete Springform füllen und bei
175 Grad ca. 30 Minuten backen. In der Zwischenzeit
die Fülle zubereiten. Hierfür das Eigelb mit dem
Zucker und Vanillezucker schaumig rühren. Die
Milch erhitzen und zu der Schaummasse geben,
ebenfalls das mit etwas kalter Milch angerührte
Stärkemehl. Die Masse bei geringer Hitze, jedoch
unter ständigem Rühren dickkochen. Die Gelatine
nach Vorschrift auf der Packung quellen lassen,
auflösen und zur Creme geben. Kalt stellen. Wenn
die Creme steif zu werden beginnt, die Schlagsahne
unterheben.
Nun den Biskuitboden lösen, jedoch in der Form belassen. Den Rand der Form mit einem Pergamentpa-
pierstreifen auslegen und den Boden mit etwas Rum
tränken. 2/3 der Creme hineingeben, glattstreichen
und im Kühlschrank stocken lassen; den Ring lösen.

Die abgetropften Birnen im Kreis gut verteilen. Den Rand mit der restlichen Creme bestreichen. Etwas Birnensaft mit Tortenguß andicken und die Birnen damit überziehen.
Die Torte mit in Butter gerösteten Mandelblättchen bestreuen. Bis zum Servieren in den Kühlschrank stellen.

Festliche Ananastorte

5 Eier, 5 Eßlöffel heißes Wasser, 80 g Mehl, 80 g Stärkemehl, 200 g Zucker, 2 Eßlöffel Kakao, 40 g feingeriebene Schokolade, 3 gestrichene Teelöffel Backpulver
Fülle: Rum zum Tränken der Böden, 3/4 l Sahne, 3 Pakete Sahnesteif, 3 Pakete Vanillezucker, 100 g grobgeraspelte Schokolade, 1 Dose Ananasstücke (geraspelt)

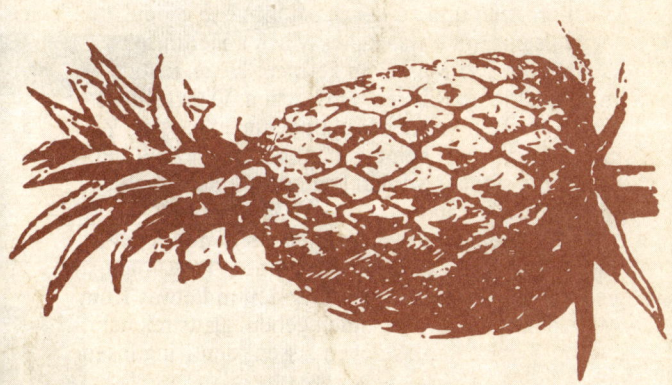

Das Eigelb wird mit dem Wasser und dem Zucker schaumig gerührt, bis eine cremige Masse entsteht.

Das Eiweiß wird recht steif geschlagen und auf die Schaummasse gegeben, ebenfalls der Kakao und die geriebene Schokolade. Die Speisestärke mit dem Mehl und Backpulver vermischen, sieben und auch unterheben. Darauf den Teig sofort in eine mit Pergamentpapier ausgelegte, gefettete kleine Springform füllen und bei 190 Grad ca. 40 Minuten backen. Nach dem Auskühlen des Kuchens den Rand vorsichtig mit einem Messer lösen, den Boden auf einen Kuchendraht stürzen und das Papier abziehen.

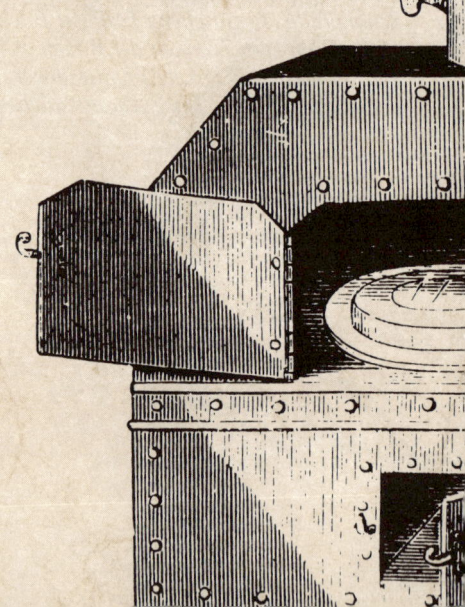

Kuchen mit einem scharfen Messer zweimal durchschneiden. Den unteren Boden auf eine Tortenplatte
legen, mit etwas Rum tränken und mit der Hälfte der
geraspelten Ananasstücke füllen. Darüber kommt 1/3
der mit Sahnesteif und Vanillezucker geschlagenen
Sahne und 1/3 grob geraspelte Schokolade. Der zweite Boden wird aufgelegt, wieder mit Rum getränkt,
und es wird weiter verfahren wie beim ersten Mal.
Der dritte Boden wird darübergegeben, mit Rum getränkt und die Torte von außen mit der restlichen
Sahne bestrichen. Obenauf wird sie mit Schokolade
bestreut. Wenn Sie die Torte für eine Stunde in die
Tiefkühltruhe stellen, läßt sie sich besser schneiden.

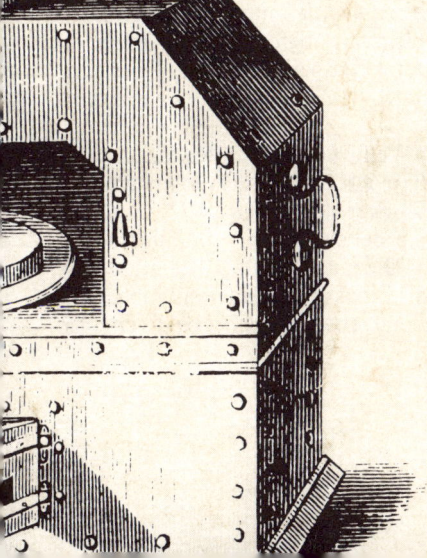

Aprikosenschaumtorte

*150 g feiner Zucker, 2 Eigelb, 3 Eßlöffel Wasser, 2 Eß-
löffel Öl, 1 Paket Vanillezucker, 100 g Blockschokolade,
1 Teelöffel Backpulver, in 120 g Mehl gemischt, 2 Eiweiß
Belag: 1 Paket gemahlene weiße Gelatine, 3 Eßlöffel
Weißwein, 1/2 Glas Aprikosenkonfitüre, 1/4 l Sahne,
2 Eßlöffel Zucker, 2 cl Marillenlikör
Garnierung: Geraspelte Blockschokolade*

Zucker, Eigelb, Wasser und Öl schaumig rühren. Die
Schokolade im Wasserbad schmelzen. Wenn abge-
kühlt, eßlöffelweise in die Schaummasse einarbeiten.
Das Eiweiß zu steifem Schnee schlagen und auf die
Schaummasse setzen. Darüber das Backpulver-Mehl-
Gemisch geben. Alles vorsichtig unterheben. In eine
mit Backpapier ausgelegte Springform von 26 cm ⌀
füllen. Im vorgeheizten Ofen bei 180 Grad auf der
untersten Stufe backen.
Backzeit: 30 Minuten
Die Gelatine in dem Weißwein 10 Minuten lang
quellen lassen und dann auf der Herdplatte klären.
Die Sahne mit dem Zucker steif schlagen. Den Likör
und die Konfitüre einarbeiten und mit der aufgelö-
sten Gelatine binden. Die ausgekühlte Torte mit dem
Belag bestreichen. Mit Blockschokoladenraspeln garnieren. Gut durchkühlen, aber möglichst bald ver-
zehren.

Apfeltorte

*Mürbeteig: 60 g Butter oder Margarine, 60 g Zucker,
1 Paket Vanillezucker, 3–4 Tropfen Vanille-Aroma, 1 Ei,
1/2 Teelöffel Backpulver, 120 g Mehl*
*Biskuitteig: 2 Eigelb, 2 Eßlöffel warmes Wasser, 100 g
Zucker, 1 Paket Vanillezucker, 2 Eiweiß, 75 g Mehl, 50 g
Speisestärke, 1 Teelöffel Backpulver*
*Obstfüllung: 1/2 Glas Quittenmarmelade oder Apfelge-
lee, 750 g Äpfel, 1/4 l Weißwein, 2–3 Eßlöffel Speisestärke*

Cremefüllung: 1/4 l Wasser, Saft von 3 Zitronen, abge-
riebene Schale von 1/2 Zitrone, 2 Eigelb, 1/8 l Sahne,
100 g Zucker, 1 Paket gemahlene weiße Gelatine
Zum Überziehen und Garnieren: 1/8 l Sahne, 1 Eßlöffel
Zucker, abgeriebene Schale von 1/2 Zitrone, 1 Paket
Vanillezucker

In einer Springform von 26 cm ⌀ je einen Mürbeteig
ohne Rand und einen Biskuitteig nach den Grundan-
weisungen (siehe Seiten 12 und 62) backen. Nach dem
Auskühlen den Biskuitboden einmal durchschneiden. Den Mürbeteigboden mit Marmelade bestreichen und einen Biskuitboden auflegen.
Die Äpfel schälen, vierteln, das Kerngehäuse herausschneiden und die Stücke in Scheiben schneiden. In
Wein halbweich dünsten. Vorsicht, das geht sehr
schnell! Die Äpfel sollen nicht zerfallen!
Die Scheibchen herausnehmen, den Wein andicken
und vorsichtig mit den Apfelscheiben mischen. Auf
die Torte geben. Für die Cremefüllung werden 2 Eigelb mit dem Zucker schaumig gerührt. Dann gibt
man das Wasser, den Zitronensaft und den Abrieb
dazu. Die Gelatine quellen lassen und auflösen. Die
gesamte Menge der Sahne steif schlagen. Die Hälfte
der Sahne und die aufgelöste Gelatine in die Creme
rühren. Wenn sie steif zu werden beginnt, wird sie
über die Äpfel gestrichen. Der 2. Biskuitboden wird
aufgelegt. Mit der restlichen Sahne, in die man noch
etwas Zitronenschale reibt und Zucker gibt, die Torte
verzieren. Gut durchkühlen.
Da die Torte sehr mächtig ist, sollten Sie sie unbedingt in 16 Stücke teilen.

Buchweizentorte mit Preiselbeeren

Buchweizen wird vornehmlich auf den kargen Böden im norddeutschen Raum angebaut, z.B. in der Lüneburger Heide, aus der auch dieses Rezept stammt.

6 Eier, 250 g Zucker, 6 Eßlöffel kaltes Wasser, 100 g Buchweizenmehl, 1 Eßlöffel Stärkemehl, 1 Paket Backpulver

*Füllung: 200 g Preiselbeeren, 1/2 l Sahne, 2 Pakete
Vanillezucker, 2 Pakete Sahnesteif, Schokoladenraspeln
Abwandlung: 100 g geriebene Blockschokolade, die man
zusätzlich noch in den Teig gibt.*

Die Eier trennen und das Eiweiß sehr steif schlagen.
Das Eigelb mit dem Zucker und Wasser schaumig
schlagen. Vorsichtig den Eischnee unterheben. Nun
wird das Buchweizenmehl mit dem Stärkemehl und
Backpulver vermischt und schnell mit einem Schneebesen untergehoben.

Eine mittlere Springform wird ausgefettet und mit Teig gefüllt. Der Kuchen muß bei 225 Grad etwa 30 Minuten auf der untersten Schiene im vorgeheizten Backofen backen.
Ist der Boden ausgekühlt, wird er zweimal durchgeschnitten und danach jeweils zuerst mit Preiselbeeren und dann mit steifgeschlagener Sahne bestrichen.
Nun überzieht man die Torte mit Schlagsahne und bestreut sie oben ganz mit Schokoladenraspeln, der Rand jedoch bleibt weiß. Auf jedes Tortenstück spritzt man einen Sahnetupfer, der dann wieder mit wenig Preiselbeeren verziert wird.

Variante: Nehmen Sie statt der Preiselbeeren abgetropfte Sauerkirschen aus dem Glas.

Eigene Rezepte & Notizen

Kuchen und Torten
aus Hefeteig

Hefeteig

Allgemeines zum guten Gelingen eines Hefeteiges.

1. Alle Zutaten sollten Zimmertemperatur haben. Die Butter und die Milch, die man verarbeitet, sollten lauwarm sein, also ca. + 35 Grad haben. Bei zu niedriger Temperatur arbeiten die Hefe- pilze nicht, bei zu hoher verlieren sie ihre Eigen- schaft als Lockerungsmittel.

2. Die Hefe sollte unbedingt frisch sein. Man er- kennt die Frische an dem gelb-grauen Aussehen, dem säuerlichen Geruch und an einer gewissen feuchten Beschaffenheit. Einfacher – auch in der Vorratshaltung – ist die Trockenhefe, die durch Entzug von Feuchtigkeit auf eine bestimmte Dauer haltbar gemacht wurde. Frische Hefe ver- dirbt schnell.

3. Ein Hefeteig kann auf zweierlei Weise hergestellt werden:

a) als gerührter Hefeteig
500 g Mehl, 40 g Hefe, 1/8–1/4 l Milch, knapp 1/2 Tee- löffel Salz, 125 g Margarine, 125 g Zucker, 1–2 Eier

Das Mehl in eine große Schüssel sieben und in die Mitte eine Vertiefung drücken. Da hinein die Hefe bröckeln, mit 4 Eßlöffeln warmer Milch, 2 Teelöffeln Zucker und etwas Mehl verrühren. Die Schüssel an einen warmen Ort stellen, mit einem Geschirrtuch abdecken und die Hefe gehen lassen. Wenn sich die

angerührte Hefemenge verdoppelt hat, kann der Teig weiterverarbeitet werden. Nun die Margarine mit Zucker und den Eiern schaumig rühren. Sind in den Rezepten Geschmackszutaten wie Vanillezucker, Rum, abgeriebene Zitronenschale und Salz angeführt, kommen diese in die Schaummasse. Diese Schaummasse in die angerührte Hefe geben und mit der restlichen warmen Milch zu einem Teig verarbeiten. Den Teig mit einem Holzlöffel tüchtig schlagen, bis er sich vom Schüsselboden löst; er muß reißend vom Löffel fallen. Den Teig gehen lassen, bis sich die Menge verdoppelt hat. Anschließend wie in den Rezepten beschrieben weiterverarbeiten.

b) als gekneteter Hefeteig

500 g Mehl, 40 g Hefe, etwa 1/4 l Milch, knapp 1/2 Teelöffel Salz, 60 g Margarine, 60 g Zucker

Das Mehl in eine Schüssel sieben und in die Mitte eine Vertiefung drücken. Da hinein die Hefe bröckeln, mit 4 Eßlöffeln warmer Milch, 2 Teelöffeln Zucker und etwas Mehl verrühren. Die weiche, in Flöckchen zerteilte Margarine, den restlichen Zucker und das Salz auf den Mehlrand geben. Darauf achten, daß die Margarine nicht in die Hefe fließt. Geschmackszutaten wie abgeriebene Zitronenschale, Vanillezucker oder Rum werden außerdem auf dem Mehlrand verteilt. Die Schüssel an einen warmen Ort stellen. Wenn die angerührte Hefemenge sich verdoppelt hat, kann der Teig weiterverarbeitet werden. Mit der restlichen, erwärmten Milch und den anderen Zutaten die aufgegangene Hefe verrühren. Den Teig mit einem Holzlöffel tüchtig abschlagen und mit den Händen kräftig durchkneten. Dann den Teig gehen lassen. Anschließend je nach Rezept verwenden.

Hefe-Napfkuchen

Ein Rezept aus Bismarckschen Zeiten! 1895 wurde
es, 5 Jahre nach dem Tod des Eisernen Kanzlers, zu
Papier gebracht und einer breiteren Öffentlichkeit zu-
gänglich gemacht. Die Grundidee zu diesem volks-
tümlichsten aller deutschen Kuchen stammte einst
von den ins Brandenburgische zugewanderten Huge-
notten.

*500 g gesiebtes Mehl, 50 g zerbröckelte Hefe, 1/4 l
lauwarme Milch, 2 Eier, 4 Eigelb, 75 g Zucker, 40 g
gehackte süße Mandeln, 10 g gehackte bittere Mandeln, 200 g Butter, zimmerwarm, 125 g Rosinen, 60 g
Korinthen, 35 g Zitronat, gewürfelt, 1 Prise Salz,
etwas Zitronenabrieb, 1 Messerspitze Muskatblüte*

Die Hefe mit einer Prise Zucker in 1/8 l Milch auflösen. Das Mehl in einer Schüssel ringförmig anrichten. In der Mitte die Hefe anrühren, mit einem Tuch abdecken und aufgehen lassen. Alle übrigen Zutaten warm stellen.

Wenn das Hefestück aufgegangen ist, rührt man Eier, Eigelb, den Rest Milch, Zucker, die Gewürze und die Mandeln darunter, sodann die leicht flüssige, zerlassene Butter, so daß man einen feinen Teig erhält. Diesen mit dem Holzlöffel mehrmals schlagen und schließlich die Rosinen, Korinthen und das Zitronat unterrühren. Den Hefeteig gibt man mit dem Holzlöffel in eine gut gebutterte, tönerne Napfkuchenform, die nur bis zur Hälfte gefüllt sein darf, da der Teig noch aufgehen muß.

Nach dem Gehen bei mäßiger Hitze etwa 60–90 Minuten im vorgeheizten Ofen backen.

Es war auch üblich, die ausgebutterte Napfkuchenform mit gehobelten, süßen Mandeln auszustreuen und dann den Teig einzufüllen. Dadurch wurde die Qualität des Kuchens noch gehoben.

Den fertigen gestürzten Napfkuchen mit Puderzukker bestäuben.

Butterkuchen

Napfkuchen, Butterkuchen und Streuselkuchen waren in früheren Zeiten die beliebtesten Kuchen. Sie wurden von der Hausfrau vorbereitet und beim Bäkker gebacken. Sonntags packte man große Stücke davon in den Picknick-Korb und wanderte zu einem dieser beliebten Gartenlokale, in denen man auch noch den Kaffee selbst kochen konnte. Das Wasser

dazu kostete nur ein paar Pfennige. Besondere Freude machte das Wiedersehen mit alten Bekannten.

500 g gesiebtes Weizenmehl, 1/8 l lauwarme Milch, 35 g zerbröckelte Hefe, 75 g Butter, 75 g Zucker, 2 Eigelb, 1 Messerspitze Muskatblüte, 1 Messerspitze Salz
Zur Auflage: 125 g zerlassene Butter, 140 g Zimtzucker, 1 Eßlöffel Rosenwasser

Aus den Zutaten nach dem Grundrezept einen Teig kneten. Auf mehliger Platte diesen zugedeckt nochmals aufgehen lassen. Den Teig dann ausrollen, auf ein gebuttertes Backblech legen und nochmals aufgehen lassen.
Den rohen Blechkuchen mit einer Gabel in Abständen einpieken, damit er beim Backen keine Blasen wirft. Mit zerlassener Butter und mit Rosenwasser bestreichen, mit Zimtzucker bestreuen. Im vorgeheizten Ofen auf Mittelschiene bei 200 Grad während ca. 25 Minuten ausbacken. Aus dem Ofen nehmen und auskühlen lassen.
Sollte vom Kuchen noch einiges übriggeblieben sein, so stippte man die Stücke anderen Tags gern in den Kaffee.

Streuselkuchen

Der Hefeteig ist der gleiche wie beim Butterkuchen. Nur der Belag besteht statt aus Butter und Zimtzucker aus Streuseln.

Zum Belag für die Streusel: 125 g zerlassene Butter, 125 g gesiebtes Weizenmehl, 125 g Zucker, 40 g grobge-

hackte süße Mandeln, 3 g gemahlener Zimt

Bevor man die Streusel aufstreut, wird der auf dem Blech ausgerollte Teig mit 100 g zerlassener Butter bestrichen.
Dann werden die 125 g zerlassene Butter, gesiebtes Mehl, Zucker, gehackte Mandeln und Zimt mit der Hand trocken durchgemengt, so daß kleine Krümel entstehen. Dieses Gemengsel wird gleichmäßig über dem Kuchen verstreut.
Bei mittlerer Hitze im vorgeheizten Ofen auf Mittel-schiene abbacken.

Mohnkuchen

(Blitzrezept)

500 g tiefgekühlter Hefeteig
Fülle: 200 g Instant-Mohnfüllung, z.B. Mohn-Back,
200 ccm Wasser, 2 Eier, 2 Eßlöffel Grießmehl, 100 g ge-

mahlene Mandeln, 20 g Succade, 30 g Orangeat, 125 g
Butter, 1 Ei, 125 g in Rum getränkte Rosinen
Zum Bestreichen: 1 Eigelb, etwas Milch

Den Teig auftauen und gehen lassen. Auf bemehlter
Unterlage ausrollen, und zwar so groß, daß der Teig
für eine Springform von 26 cm ∅ reicht und noch
Teig für ein Gitter übrig bleibt. Den Mohn in eine
Schüssel geben und mit dem kochenden Wasser
überbrühen. Umrühren und 10 Minuten lang zum
Quellen stehen lassen. Dann in den noch warmen
Mohn die weiche Butter rühren. Alle übrigen Zuta-
ten nun zugeben. Eine Springform mit Backpapier
auslegen. Den Teig einlegen und einen etwa 3–4 cm
hohen Rand fest an die Formwand pressen. Die
Mohnmasse einfüllen. Aus dem restlichen Teig Strei-
fen ausrädeln und als Gitter über den Kuchen legen.
Die Streifen mit in ganz wenig Milch verschlagenem
Eigelb bepinseln. Bei 175 Grad im vorgeheizten

Backofen 30–45 Minuten lang backen. Der Mohn-
kuchen schmeckt am darauffolgenden Tag besonders
saftig, da dann alle Zutaten ihr volles Aroma entwik-
kelt haben.

Savarin

Savarins sind kleine oder auch große Hefekuchen,
die in Spezial-Ringformen gebacken und mit einer
Alkohol-Zucker-Lösung getränkt werden. In die Mitte des Ringes gibt man geschlagene Sahne und Früchte, die mit dem jeweiligen Alkohol harmonieren. Be-
nannt worden sind diese Kuchen nach dem Richter
und Gastrosophen Brillat-Savarin, der von 1755 bis
1826 in Paris lebte. Der Hefeteig wird wie folgt zubereitet:

*250 g Mehl, 20 g Hefe, 3 Eßlöffel lauwarme Milch, 1 Eß-
löffel Zucker, 2 Eier, 1 Paket Vanillezucker, 1 Prise
Salz, 60 g lauwarm geschmolzene Butter*

Nach dem Grundrezept (siehe Seite 78) einen ge-
kneteten, lockeren Hefeteig bereiten. Kleine Por-
tionsringe von 10 cm Ø oder einen großen Ring fetten und bis zur halben Höhe mit dem Teig füllen.
Gehen lassen und bei 200 Grad im vorgeheizten
Backofen backen. Die kleinen Ringe brauchen etwa
30 Minuten, der große Ring braucht etwa 45 Minuten. Danach aus der Form lösen und auf einem
Kuchengitter etwas auskühlen lassen.
Savarins können auf vielfache Art getränkt werden,

und sie bekommen somit immer neue Geschmacks-
nuancen. Hier einige der bekanntesten Variationen:

a) 6 cl Rum, 1 Glas Weißwein, 1/4 l Wasser, 150 g
Zucker klar kochen (läutern), die Savarins damit
tränken. In die Mitte geschlagene Sahne und frische
Erdbeeren füllen.
b) 1/4 l Wasser, 1 Glas Ananassaft, 200 g Zucker, 4 cl
Rum läutern. Die Savarins damit tränken. In die Mitte Sahne und Ananasstücke geben.

c) Ersetzen Sie den Saft durch Rotwein und den Rum durch Kirschwasser, füllen Sie mit Kirschen, Brombeeren, Himbeeren und Sahne.
d) Saft von 1 Zitrone, Saft von 1 Apfelsine, 200 g Zucker, 1/4 l Wasser, 1 Glas Orangenlikör; Füllung: Geschlagene Sahne und Orangenstückchen.

Und so wird getränkt: Sie stechen mit einer Stricknadel mehrmals in die Oberfläche der Savarins und träufeln dann die Flüssigkeit über die Kuchen, bis sie ganz davon vollgesogen sind.
Die Savarins bis zum Servieren kühl stellen.

Schneckenkuchen

Er ist auch als Rosenkuchen bekannt.
Die Masse reicht für zwei mittlere Springformen. Eine Torte können Sie einfrieren. Sollte sich dann unerwartet Besuch anmelden, so schieben Sie den gefrorenen Kuchen für ca. 20 Minuten in den vorgeheizten Backofen (200–220 Grad) und bieten ihn dann Ihren Gästen an.

350 g Mehl, 100 g Margarine oder Butter, 60 g Zucker, 1/4 l Milch, 40 g Hefe, 1 Prise Salz
Fülle: 125 g Zucker, 250 g Margarine oder Butter, 40 g Sukkade, 40 g Orangeat, 2 Teelöffel Zimt, 60 g gemahlene Mandeln, 200 g Rosinen oder Korinthen, in 3 Eßlöffeln Rum getränkt

Das Mehl in eine Schüssel geben, in die Mitte eine Vertiefung machen, die zerbröckelte Hefe mit etwas lauwarmer Milch verrühren, einen Teelöffel Zucker hineingeben und 15 Minuten ziehen lassen.

Nun den Vorteig mit der erwärmten Milch, der Margarine oder Butter, dem restlichen Zucker und dem Salz vermengen und tüchtig schlagen, bis sich der Teig vom Schüsselboden löst. Nochmals 15 Minuten gehen lassen, den Teig in zwei Hälften teilen und zu Quadraten ausrollen. Man streicht flüssige Margarine oder Butter auf die Teigflächen und verteilt die in Rum getränkten Rosinen und Korinthen, Sukkade, Orangeat, Mandeln, Zucker und Zimt darauf. Nun rollt man jedes Quadrat fest auf. Von der Rolle schneidet man 3–4 cm breite Streifen ab und legt sie fest nebeneinander in eine gut gefettete Springform, und zwar so, daß zuletzt mitten in der Form eine

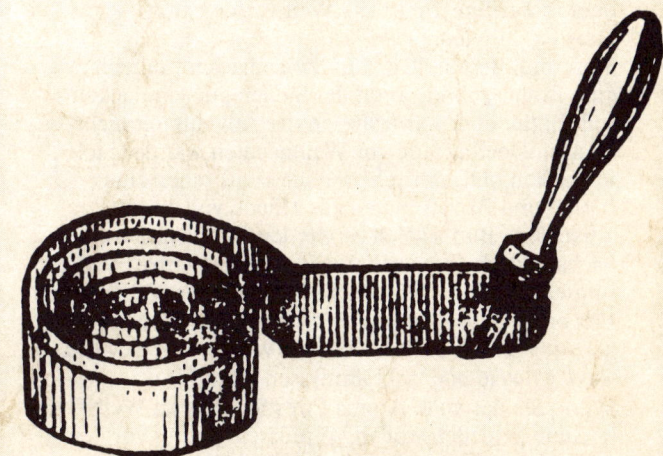

Rolle liegt. Der Kuchen wird vor dem Backen nochmals mit flüssiger Margarine oder Butter bestrichen
und dann bei 175 Grad etwa 60 Minuten gebacken.

Dresdner Stollen

Stollen – ein Symbolkuchen für die Weihnachtszeit.
Seine Form soll die Krippe und das Jesuskind ver-
sinnbildlichen.
Stollen wurden und werden in ganz Deutschland gebacken. In einigen Gegenden – wie z.B. in Bremen
der Klaben oder im Bayerischen das Hutzel- oder
Kletzenbrot – haben sie eine Brotform. Die Zusam-
mensetzung des Teiges aber ist nahezu identisch mit
dem so berühmten, in alle Welt verschickten
Dresdner Stollen.
Man muß wissen, daß zum Stollenbacken unbedingt
gute Butter gehört, wenn der Stollen gut schmecken
soll. Butter aber war früher in der Adventszeit nicht
erlaubt. Doch gerade vor Weihnachten war das Stollenbacken obligatorisch, und die sächsischen Hausfrauen und Bäcker hatten alle Hände voll zu tun.
Aber ohne Butter? Erst als der Kurfürst Ernst von
Sachsen deshalb im Jahre 1650 an Papst Urban VIII.
schrieb, erlaubte dieser den Verbrauch von Butter.
Das erfreute besonders die Bäcker, deren Stollen sehr
gefragt waren, weil ihr „lyblicher Wohlgeschmack trutz
weyter Reyse und viel Fährnyssen nit litt".
Wenn Sie das volle Aroma Ihres Stollens an Weihnachten genießen wollen, so müssen Sie ihn vor dem

1. Adventssonntag backen! Backen Sie sofort mehrere Stollen. Kenner sagen, der letzte Stollen, um
Ostern etwa angeschnitten, schmeckt am besten.

1500 g Mehl, 120 g Hefe, 500 g Butter, 125 g Zucker,
1 Prise Salz, die abgeriebene Schale von 2 Zitronen, 1/4 l
Milch, 1/2 Teelöffel Salz, 250 g Rosinen, 250 g Korin-
then, 150 g gehackte Mandeln, 100 g Zitronat, 100 g
Orangeat, 4 cl Rum
Zum Bestreichen: 125 g Margarine oder Butter, 100 g
Zucker, 3 Pakete Vanillezucker, Puderzucker

Sämtliche Zutaten für den Stollen sollten am Abend
vor dem Backen in die warme Küche geholt werden.
Rosinen, Korinthen, Zitronat, Orangeat und Mandeln werden am Abend vorher in Rum getränkt und
zugedeckt abgestellt. Für den Hefeteig das Mehl in
eine Schüssel geben. In die Mitte eine Mulde drük-
ken und da hinein die mit etwas lauwarmer Milch
(4 Eßlöffel) und 1/2 Teelöffel Zucker verrührte Hefe

geben, etwas Mehl darüberstäuben und zugedeckt warm stellen, etwa 20 Minuten.

In der Zwischenzeit die Milch mit dem Salz, dem Zucker und der Butter lauwarm werden lassen. Bitte nur lauwarm, sonst wird der Teig zäh! Diese Flüssigkeit zum Hefestück geben und kräftig durchkneten, bis der Teig sich vom Schüsselboden löst und Blasen wirft. Nun nochmals zugedeckt warm stellen, bis der Teig sich verdoppelt hat (ca. 20–30 Minuten). Am besten teilen Sie nun den Teig in 2 Teile und kneten die in Rum getränkten Früchte unter. Diese Stücke mit wenig Mehl so formen, daß zwei längliche Brote entstehen. Mit dem Rollholz der Länge nach, aber ganz seitlich, eine Vertiefung eindrücken. Die geformten Stollen läßt man auf einem mit Pergamentpapier ausgelegten Backblech nochmals zugedeckt ca. 20 Minuten aufgehen, bevor sie in den vorgeheiz-

ten Backofen kommen. Die Backzeit beträgt für jeden Stollen ca. 60 Minuten bei 225 Grad. Die Backtemperatur muß wegen des großen Fettgehaltes so hoch sein. Aus diesem Grund kann das vorzügliche Gebäck nicht so hoch aufgehen wie ein normaler Hefeteig, dafür hält es sich aber auch gut verpackt monatelang frisch. Bevor der Stollen aus dem Ofen kommt, machen Sie bitte eine Hölzchenprobe, um festzustellen, ob er gar ist. Zum Ende der Backzeit die Stollen mit Folie oder Pergamentpapier abdecken, damit sie nicht zu dunkel werden. Sobald die Backwerke aus dem Ofen kommen, sollten sie mehrmals mit einem Gemisch von flüssiger Butter, von Zucker und Vanillezucker bestrichen werden, dann erst dick mit Puderzucker bestäuben.

Eigene Rezepte & Notizen

Allerlei andere leckere
Torten und Kuchen

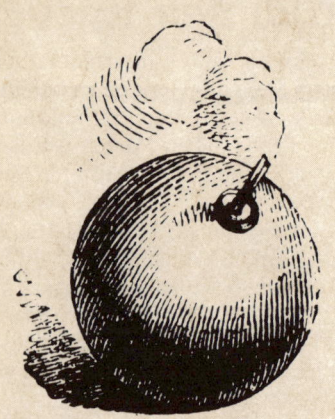

Blätterteig-Bombe

Das Herstellen von Blätterteig im Haushalt ist langwierig und kompliziert. Deshalb sei hier zu Tiefkühlblätterteig oder zu einem abgebackenen Boden vom Bäcker geraten.

Den Tiefkühlblätterteig nehmen Sie aus der Faltschachtel und tauen ihn im Block auf, also nicht die jeweiligen Lagen auseinandernehmen. So rollen Sie ihn auch auf bemehlter Unterlage aus.

Da sich der Teig beim Backen zusammenzieht, müs-

sen Sie ihn größer ausrollen als Sie Ihren Kuchen ge-
plant haben. Nehmen Sie einen Boden vom Bäcker,
dann bestellen Sie ihn auf 28 cm ∅.
Den ausgerollten Teig legen Sie auf ein mit Wasser
bespritztes Blech und backen ihn goldbraun ab. Anschließend legen Sie einen Springformboden von
26 cm ∅ oder 24 cm ∅ auf den Kuchen und schneiden daraus eine runde Scheibe (auch bei dem Kuchen vom Bäcker). Den Rest zerkrümeln Sie zu
groben Bröseln.
Den Boden legen Sie auf eine Tortenplatte. 3/8 1
Sahne wird mit 1 Paket Vanillezucker, 1 Eßlöffel Zuk-
ker und 1 Paket Sahnesteif fest geschlagen. Man be-
streicht den Boden dünn mit Sahne, legt dann gut
abgetropfte Früchte gleich welcher Art dicht nebeneinander und häuft den Rest der Sahne kuppelförmig
darüber. Abgedeckt wird die Sahne mit den Blätter-
teig-Bröseln. Wenn man will, kann man noch Puderzucker obenauf streuen.

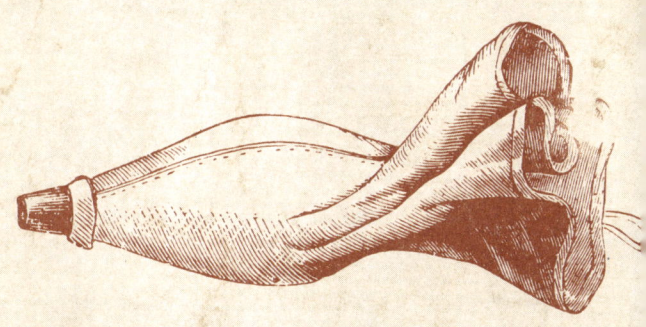

Flockensahnetorte

*Brandteig: 1/4 l Wasser, 40 g Butter oder Margarine,
1 Prise Salz, 150 g Mehl, 1 Teelöffel Backpulver, 4 Eier,
1 Eßlöffel Zucker*
*Fülle: Frisches Obst, gleich welcher Art, oder Preisel-
beermarmelade, 1/2 l Sahne, 1 Päckchen gemahlene
weiße Gelatine, 2 Eßlöffel Zucker*
Zum Bestreuen: Puderzucker

Das Wasser mit der Butter und dem Salz zum Kochen bringen. Die gesamte Mehlmenge in die Flüssigkeit geben und auf der Herdplatte so lange glatt
rühren, bis sich ein Kloß bildet und dieser sich mit
einer weißen Haut vom Topfenboden löst (abbren-
nen!). Den Kloß in eine kalte Porzellanschüssel

geben und nach und nach die Eier unterrühren.
Jedes Ei muß vollständig eingearbeitet sein, bevor
man ein weiteres zugibt. In den ausgekühlten Teig
das Backpulver und den Zucker mengen.
Eine Springform von 26 cm ⌀ fetten und 1/3 des
Teiges einstreichen. Bei 220 Grad etwa 15 Minuten
lang backen. Dabei biegt sich der Teig stellenweise
hoch und „flockt" aus. Noch zwei weitere Böden
backen. Auskühlen lassen.
Die Gelatine zum Quellen ansetzen. Die Sahne steif
schlagen und süßen. Die Gelatine lösen und einarbeiten. Die Torte mit Sahne und frischen Früchten
oder Preiselbeerkompott zusammensetzen. Obenauf
mit Puderzucker bestreuen.

Schokoladen-Preiselbeer-Sahnetorte

*175 g Zucker, 8 Eigelb, 70 g geriebene Blockschokolade,
170 g geriebene Mandeln, 6 Eiweiß
Füllung: 1 kleines Glas Preiselbeermarmelade, 1/2 l
Sahne, 1 Paket gemahlene, weiße Gelatine, 1 Paket
Vanillezucker
Zum Bestreuen: Geraspelte Schokolade*

Das Eigelb mit dem Zucker schaumig rühren und
die geriebene Schokolade, die Mandeln und das steifgeschlagene Eiweiß mit einem Schneebesen vorsichtig unterheben. Diesen Teig gibt man in eine gut gefettete Springform von 24 cm ⌀ und läßt ihn bei 175
Grad etwa 40 Minuten backen.
Die Sahne steif schlagen und süßen. Die Gelatine
nach Vorschrift auf der Packung quellen lassen und
auflösen. In die Sahne geben, ebenso die Preiselbeeren.
Nach dem Auskühlen wird der Boden durchgeschnitten, dazwischen und darüber mit Preiselbeercreme
bestrichen. Die Torte mit grob geraspelter Schokolade bestreuen.
Gut durchziehen lassen, am besten einen Tag vorher
backen.

Südtiroler Kirschtorte

*8 Eiweiß, 180 g gemahlene Haselnüsse, 180 g Zucker,
40 g geriebene dunkle Schokolade, je 1 Prise Zimt und
Nelkenpulver, abgeriebene Schale von 1 Zitrone*

Garnitur: 3 Eßlöffel Kirschwasser, 3 Eßlöffel Kirsch-
marmelade (Sauerkirsch), 1 Glas Sauerkirschen, 1/4 l
Sahne, 30 g Schokoladensplitter

Die Eiweiß zu festem Schnee schlagen. Vorsichtig
die übrigen Zutaten unterheben. Die Masse in eine
gut gefettete Springform füllen und bei 200 Grad
etwa 30 Minuten lang backen.
Nach dem Auskühlen wird die Torte mit Kirschwasser getränkt und mit Marmelade bestrichen. Mit den
abgetropften Kirschen belegen. Die Sahne steif schlagen, leicht zuckern und die Torte damit überziehen.
Schokoladenraspeln darüberstreuen.

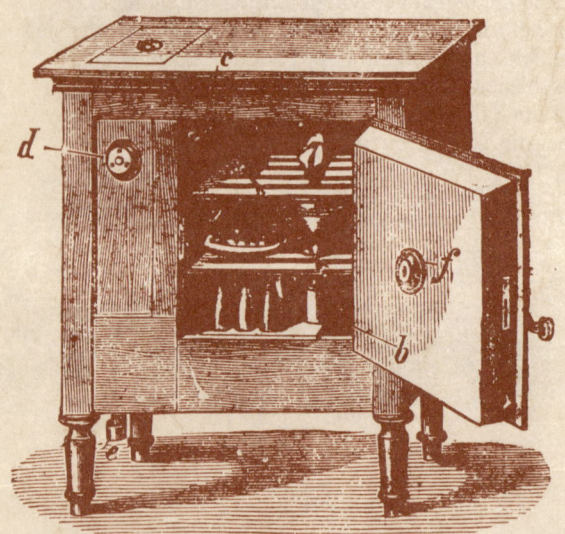

Malakofftorte

– eine Torte, die acht Tage im Kühlschrank oder einige Wochen in der Gefriertruhe haltbar ist. Sie ist für die kältere Jahreszeit zu empfehlen und sollte eiskalt gegessen werden.

1 Mürbeteigboden (siehe Seite 13), 6 Eßl. Rum, 6 Eigelb, 200 g Puderzucker, 250 g Butter, 120 g gehackte Mandeln, Alufolie, 1/4 l Sahne, Blockschokolade

Die Butter recht schaumig rühren und nach und nach das Eigelb und den Puderzucker zugeben, zuletzt die gehackten Mandeln unterheben. Die Crememasse auf den abgebackenen Boden streichen. Die Springform für einige Stunden in die Gefriertruhe stellen. Anschließend auf eine Tortenplatte geben, mit geschlagener Sahne den Rand bestreichen und obenauf mit Sahne verzieren. Grobgeraspelte Schokolade über die Torte streuen.

Eigene Rezepte & Notizen

Eigene Rezepte & Notizen

Inhaltsverzeichnis

Biskuitteig

Hefeteig

Allerlei andere leckere Torten und Kuchen

Wir möchten nicht versäumen, Sie auf weitere Titel in unserer Reihe „Hölkers kleine Küchenbibliothek" aufmerksam zu machen.

Münsterländische Küchenschätze
Schwäbische Küchenschätze
Bayerische Küchenschätze
Norddeutsche Küchenschätze
Hessische Küchenschätze
Rheinische Küchenschätze
Wiener Küchenschätze
Tiroler Küchenschätze
Fränkische Küchenschätze
Das kleine Buch der Küchenkräuter
Das kleine Rumtopfbuch
Das kleine vegetarische Kochbuch

Fragen Sie Ihren Buchhändler oder schreiben Sie uns: Wir schicken Ihnen gern unser Verlagsverzeichnis.